Wenn Sie in Hamburg wohnen, müssen Sie als erstes über die Elbe (wenn Sie nicht schon südlich wohnen). Doch überqueren Sie die Elbe nicht, sondern unterqueren sie. Fahren Sie also nicht über die Autobahn oder die Elbbrücken, sondern nutzen Sie den alten Elbtunnel bei den Landungsbrücken.

Es ist schon ein besonderes Gefühl, mit dem Auto in einen Fahrstuhl zu fahren, eine wackelige Fahrt nach unten zu riskieren und dann durch eine schmale Röhre auf die andere Seite – unter der Elbe hindurch – zu gelangen, um dann wieder mit einem klapperigen Fahrstuhl ans Licht der Welt zu gelangen. Ein einmaliges Erlebnis, doch manch einer hat evtl. Angst davor. Diese Reisenden können dann ruhig über die Elbbrücken fahren, doch Sie verpassen etwas.

Meine erste angenehme Überraschung auf der Reise war Winsen an der Luhe. Die kleine Stadt habe ich bisher nur im Vorbeifahren gesehen, denn früher fuhr ich über die Landstraße und - als sie dann fertig war - über die Autobahn an Winsen vorbei, um nach Lüneburg zu gelangen.

Diesmal wollte ich sie mir allerdings ansehen. Doch vielleicht möchte Winsen gar keine Besucher haben, denn mich hat das Verkehrsschild „Stadtmitte" zunächst in die falsche Richtung geführt. Offenbar hatten Scherzkekse das Schild umgedreht, damit sich niemand die nette Innenstadt ansehen kann. Nach einem U-Turn landete ich dann in einer Sackgasse nahe der Kirche! Toll, dachte ich, wieso ist der Weg in die Stadt nicht so gut ausgeschildert, dass auch Leute wie ich den richtigen Weg finden?

Hätte ich mich darüber geärgert und wäre weitergefahren, hätte ich etwas sehr Schönes verpasst. Doch so habe ich eine Kuriosität kennengelernt, die ich bis dahin nicht kannte. Daher meine nächste Frage:

„Kennen Sie eine Kirche mit einem Durchgang?"

In Winsen an der Luhe steht eine: Die um 1400 gebaute Marienkirche. Kennen Sie eine zweite in Deutschland? Ich nicht.

St. Marienkirche

Gleich neben der Kirche, hat sich das schöne alte Schloss etabliert (damit sich die weltliche und kirchliche Macht immer gut im Auge behalten konnte). Es liegt, fast wie ein Wasserschloss, in einem schönen Park. Dieser Park und die nette Innenstadt, laden zum Flanieren und Eisessen oder Kaffeetrinken ein. Sehr reizvoll das Ganze. Ich kann mir vorstellen, dass sich die Menschen, die hier wohnen, wohlfühlen.

Winsen

Schloss Winsen

Die nächste interessante Entdeckung werden Sie vor den Toren der alten Salzstadt Lüneburg machen können: Bardowick.
Der Ort soll schon 1.000 Jahre vor Christi Geburt gegründet worden sein und dürfte somit zu den ältesten Siedlungen Niedersachsens gehören. Bekannter wurde sie, und das ist in Chroniken festgehalten, dadurch, dass Karl der Große zum Ende des 8. Jahrhunderts hier gelagert hat. Er verfügte im Jahre 805, dass alle Kaufleute seines fränkischen Reiches, die mit den nördlich siedelnden Slawen Geschäfte machen wollten, in Bardowick ihren Handel abwickeln mussten. Eine Monopolstellung sozusagen.
Wo so viel Macht herrschte, konnte die Kirche natürlich nicht fehlen, also wurde Bardowick Bischofssitz.

Dom "Peter und Paul" Bardowick

Altar im "Dom Peter und Paul"

Es wurde ein großer Dom gebaut, um an der Grenze zu den heidnischen Slawen das Christentum zu sichern und auch auszuweiten.
Es ist kaum zu glauben, dass diese Stadt, die bis ins 12. Jahrhundert hinein eine bedeutende weltliche und kirchliche Stellung und somit auch eine große Macht besaß, danach mehr oder weniger aus den Geschichtsbüchern verschwand.
Heinrich der Löwe wollte die Salzrechte und somit die Macht und belagerte die Stadt im Jahr 1189 auf der anderen Seite der Ilmenau. Wenn es - nach der Sage - nicht einen Ochsen gegeben hätte, der einem Soldaten von Heinrich dem Löwen gezeigt haben soll, wie man leicht durch das Flüsschen Ilmenau kommt, wäre Bardowick heute vielleicht die bedeutende Stadt und Lüneburg ein nettes kleines Dorf. Ohne die Kenntnis einer seichten Furt, hätte Heinrich der Löwe womöglich nie die Stadt überfallen und völlig zerstören können. Danach besaß der einst stolze und reiche Ort nur noch die Bedeutung eines Dorfes, während die Salz- und Handelsrechte an das benachbarte Lüneburg fielen, das dadurch reich und mächtig wurde und den früheren Platz von Bardowick einnehmen konnte.

Lüneburg

Um sich in etwa vorstellen zu können, welche Bedeutung das Salz früher hatte, denken Sie nur an das heutige Rohöl. Salz war wohl der wichtigste Rohstoff, denn er wurde zum Konservieren der Heringe genutzt, dem wohl wichtigsten Nahrungsmittel in ganz Nordeuropa, besonders zu den Fastenzeiten. Es wurden Kriege um Salzrechte geführt – wie heute ums Öl – um die Macht über diesen Rohstoff zu bekommen und damit Wohlstand zu erlangen bzw. ihn zu erhalten. Mit Salz wurde das große Geld verdient...

Rathaus Lüneburg

Der unermessliche Reichtum, dem Lüneburg so herrliche Gebäude zu verdanken hat, ist also durch das Salz entstanden, dessen Wert wir heute gar nicht mehr schätzen, es sei denn, wir bekommen ein „nüchternes" Gericht vorgesetzt. Ich kann schon Ihre herunterhängenden Mundwinkel sehen, wenn Sie nur daran denken, etwas Ungesalzenes essen zu müssen: es schmeckt grausam!
Prachtstück von Lüneburg ist natürlich das Rathaus, mit seinen kostbar ausgestalteten

Räumen, insbesondere der „Gerichtslaube“ oder der Aufgang zum Fürstensaal.
Doch auch die anderen herrlichen und für Lüneburg so typischen Backsteingebäude, mit ihren Treppengiebeln, sind ebenso sehenswert, wie die prächtigen Fachwerkhäuser. Nicht zu vergessen sind die Johannis- und Michaeliskirche, sowie das Kloster Lüne am Stadtrand.
Heute ist Lüneburg eine lebendige und liebenswerte Stadt, die nicht nur durch die zahlreichen historischen Gebäude sehenswert ist, sondern sowohl Einheimische als auch Gäste zum Bummeln, Einkaufen und Genießen an der mitten durch die Stadt fließenden Ilmenau einlädt.
Wer es modern liebt, der sollte sich im 4-Sterne „Hotel Bergström“ einquartieren, wer es historischer und genüsslicher mag, dem kann ich den „Heidkrug“ empfehlen, der allerdings nur mittwochs bis samstags geöffnet hat.

Lüneburg

Häuser an der Ilmenau

Nachdem Sie so viel Wohlstand früherer Jahrhunderte gesehen haben, möchte ich Sie jetzt in die Heide entführen, die einen reizvollen Kontrast zur Stadt Lüneburg darstellt.
Grüne Auen in lichten Wäldern, saftige Wiesen mit vielen Reiterhöfen – Luhmühlen bei Salzhausen ist ja bekanntlich das Mekka der Vielseitigkeitsreiter – sowie endlose Felder aus Sandboden, auf denen wohlschmeckende Kartoffeln und köstlicher Spargel wachsen, ergeben eine reizvolle Landschaft.
Die bekannten Niedersächsischen Bauernhäuser mit den gekreuzten Pferdeköpfen auf den Giebeln, herrlichem Fachwerk und vielfach unter Reet, zeigen auch noch heute, dass hier nicht nur von den berühmten Heidschnucken gelebt werden musste, sondern die Landwirtschaft auch reiche Bauern hervorbrachte.
Typisch für solche Häuser ist der „Josthof" in Salzhausen, heute ein nettes Romantik Hotel, mit einer wunderschönen Kaminstube. Gleich daneben steht eine beeindruckende Feldsteinkirche, wie es ähnliche in der Lüneburger Heide zu bewundern gibt.

Luhmühlen

Salzhausen

Josthof Salzhausen

Die violette Heide blüht jedoch auch an manch anderen Stellen im Dreieck Hamburg – Bremen – Hannover.

Auf dem Weg nach Undeloh, ins „Herz“ der Lüneburger Heide, kommen Sie bei Egestorf und Raven an restaurierten Steingräbern aus der Jungsteinzeit, also 8 - 10.000 Jahre alt, vorbei.
In Undeloh, mit seiner schönen Feldsteinkirche, parken Sie Ihr Auto, denn von hier aus geht es nur zu Fuß oder besser mit dem Pferdewagen zum Wilseder Berg. In diesem Naturschutzgebiet ist Autofahren nicht erlaubt.
Hier sind immer viele Menschen unterwegs, ganz besonders von Mitte August bis Mitte September zur Heideblüte.

Undeloh

Dass, was sich eigentlich jeder unter „Lüneburger Heide“ vorstellt, sind Schäfer mit ihren Heidschnucken, die durch die blühende Heide – sprich gemeine Besenheide (Calluna vulgaris) – ziehen. Diese typische Landschaftsform finden Sie nicht überall in der „Lüneburger Heide“, sondern hauptsächlich im Naturschutzgebiet „Wilseder Berg“ bei Undeloh.

Zurück nach Egestorf, mit seiner schönen alten Kirche, sollten Sie einige Minuten im „Philosophischen Steingarten“ verweilen, damit Sie Näheres über den „Stein des Anstoßes“ oder den „Eckstein“ erfahren.

Egestorf

Kloster Ebstorf

Sie fahren dann weiter über Amelinghausen und Wriedel nach Ebstorf.

Hier, im schönen alten Kloster, das schon 1160 erstmals urkundlich erwähnt wurde und noch heute ein Frauenkloster ist, können Sie im Rahmen einer Führung die berühmte 13 qm (!) große Ebstorfer Weltkarte aus dem 13. Jahrhundert bewundern, auf der die Erde noch als Scheibe dargestellt wird.

Ihren nächsten Zwischenstopp sollten Sie in Uelzen einlegen. Dieses Städtchen hat einige schöne alte Fachwerkhäuser, doch bekannter ist in Uelzen der vom Maler und Künstler Hundertwasser umgebaute Bahnhof, der wohl einzigartig in Deutschland ist.
Hinter Uelzen nutzen Sie am besten die „Niedersächsische Mühlenstraße“, um sich bei Suderburg das Museumsdorf Hösseringen anzusehen. Hier tagte bis ins Mittelalter der Landtag des Fürstentums Lüneburg unter freiem Himmel (wohl um göttliche Eingebungen zu bekommen).
Die Mühlenstraße führt Sie weiter über Unterlüß nach Müden an der Örtze, einem kleinen netten Heidedorf mit sehr schönen Fachwerkhäusern und einer hübschen Kirche. Auf dem Wietzer Berg hat man dem Heidedichter Hermann Löns ein Denkmal gesetzt.
Wer hier nächtigen und eine gute Küche genießen möchte, sollte dies im Niemeyer's Romantik Posthotel tun.

Laurentius Kirche

Hof in Müden

Niemeyer´s Posthotel

Örtze

Peter und Paul Kirche in Hermannsburg

Auf dem Weg nach Hermannsburg finden Sie plötzlich einen Wegweiser zum Grabhügelfeld Bonstorf, das Sie sich ansehen sollten, auch wenn Sie ein paar hundert Meter zu Fuß gehen müssen, um es zu entdecken.

Großsteingrab Dohnsen

In Hermannsburg befand sich früher eine der größten Missionen Deutschlands, was sich im einzigartigen Bau der Kirche widerspiegelt, die sechs Seitenschiffe besitzt.

Auf der „Niedersächsischen Spargelstraße" kommen Sie an einem weiteren Großsteingrab aus der Jungsteinzeit in Dohnsen bei Siddernhausen vorbei. Der kleine Abstecher lohnt sich.

Mit Gräbern werden Sie auch konfrontiert, wenn Sie einen Besuch in der Gedenkstätte des früheren Konzentrationslagers Bergen-Belsen einplanen. Was heute fast wie ein gepflegter Park aussieht, lässt einem – zumindest geht es mir so – den Schauer über den Rücken laufen.

Gedenkstätte Bergen Belsen

Als ich es besucht habe, konnte ich nicht anders, als gen Himmel zu blicken und um Verzeihung zu bitten. Als Deutscher fühle ich mich zwar nicht schuldig für diese Massaker, denn ich war damals noch ein Kind. Doch irgendwie mitverantwortlich, wie es auch unser früherer Bundespräsident Richard von Weizsäcker in seiner berühmten Bitburger Rede so passend ausgedrückt hat, fühle ich mich schon: „Die Jungen sind nicht verantwortlich für das, was damals geschah. Aber sie sind verantwortlich für das, was in der Geschichte daraus wird." Nach diesem Motto habe ich immer gelebt und werde es auch weiterhin tun.

Gedenkstätte Bergen Belsen

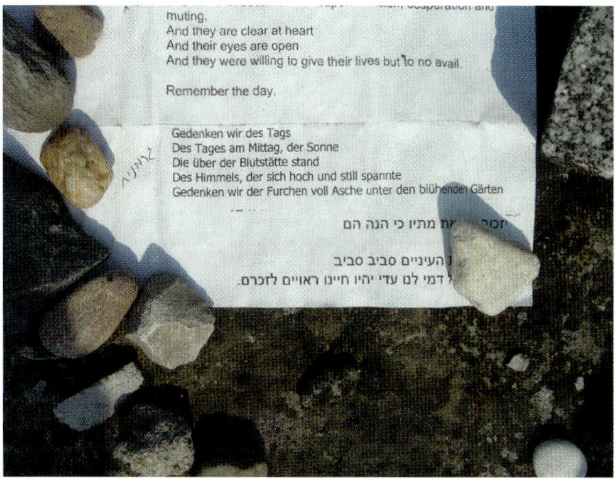

Herzogschloss Celle

Rapsblüte

Nach diesem so nachdenklich stimmenden und sehr bedrückenden Besuch, nahm ich die schöne Landschaft noch viel intensiver wahr und sog sie in mich auf.

In Winsen an der Aller kam ich dann wieder auf andere Gedanken, als ich mir die schöne wieder aufgebaute Bockwindmühle und das nette kleine Museumsdorf angesehen habe, in dem nicht nur die typischen Häuser der Lüneburger Heide aufgestellt wurden, sondern in dem Sie auch ein "Insekten-Hotel" kennenlernen können.

Bockmühle Winsen/Aller

Museumsdorf Winsen/Aller

Erdölmuseum Wietze

Bomann Museum Celle

Wer hätte geglaubt, dass das älteste Erdölmuseum nicht in Amerika steht, sondern in der Lüneburger Heide. Nachweislich haben Bauern schon im 16. Jahrhundert in dem kleinen Ort Wietze Erdöl in sogenannten Theerkuhlen geschöpft und als Schmier- und Heilmittel verkauft (damals gab´s ja auch noch keine Autos oder Motoren). Heute kann man das alles im Deutschen Erdöl-Museum bewundern.

Der nächste touristische Höhepunkt – wieder eines meiner Lieblingsstädte in Niedersachsen – ist die Fürstenstadt Celle.

Für Fachwerkhausliebhaber ein wahres Paradies, denn die gesamte Innenstadt besteht praktisch ausschließlich aus restaurierten Fachwerkhäusern, eines schöner als das andere.

Dem steht das herrliche Renaissance Herzogschloss gegenüber, das in der zweiten Hälfte des 13. Jahrhunderts errichtet worden ist. Zunächst als einfache Burg, dann immer wieder erweitert mit Barock- und Renaissance-Stilelementen bis zur heutigen Schönheit. Darin befindet sich ein kleines, sehr schönes Barock-Theater, das als das älteste in Deutschland gilt und in dem heute noch gespielt wird.

Celle

Köllners Landhaus

Wer sich in Celle etwas Gutes gönnen möchte und das nötige Kleingeld mitbringt, sollte im luxuriösen „Fürstenhof“ logieren und dinieren.

Nicht minder angenehm ist jedoch das „Romantik Hotel Köllners Landhaus“, das mit nur sechs Zimmern etwas außerhalb im ruhigen Ortsteil Boye liegt.

Nur wenige Kilometer südöstlich von Celle finden Sie das Kloster Wienhausen, das wie Ebstorf ebenfalls noch als Frauenkloster lebendig ist und regelmäßig verschiedene Märkte veranstaltet, die weit im Umkreis bekannt und beliebt sind.

Kloster Wienhausen

Auf der Weiterfahrt nach Gifhorn durchfahren Sie kleine nette Dörfer, mit teilweise sehr schönen alten Kirchen. Dann tauchen vor Ihnen plötzlich verschiedene Mühlen auf: Das Mühlenmuseum in Gifhorn. Von Originalmühlen aus Gifhorn, Schleswig-Holstein und Tirol, über Nachbauten von griechischen und russischen bis asiatischen Mühlen, finden Sie die unterschiedlichsten Typen in diesem großzügig angelegten Park.

Mühlenmuseum Gifhorn

Gifhorn

Lohnenswert ist auch ein Besuch der Innenstadt von Gifhorn. Besonders schön finde ich die Nikolai-Kirche, mit dem sehenswerten Barockaltar, in deren Mitte sich – für mich sehr ungewöhnlich – die Kanzel befindet.
Auf mehreren Straßen sah ich im Pflaster eingelegt kleine Steinchen mit Namen und Fingerabdrücken, die sicherlich von Kindern gemacht wurden.

Kanzelaltar Nicolai-Kirche

Nicolai-Kirche

Die VW-Stadt Wolfsburg, die es wert ist einen ganzen Tag besucht zu werden, um die „Autostadt" – ein Museum und Erlebnispark des VW-Werkes – oder z. B. das alte Schloss zu erleben, habe ich nicht besucht, dafür jedoch Fallersleben, heute ein Vorort von Wolfsburg.

Direkt neben dem Schloss befindet sich das Hoffmann von Fallersleben Museum. Hier also war der Schöpfer unserer Nationalhymne zu Hause, der das Deutschlandlied gedichtet hat, das allerdings nicht hier sondern auf der Insel Helgoland entstanden ist.

Michaeliskirche Fallersleben

Hoffmann von Fallersleben Museum

Da mich interessierte, wie sich die Stadt Salzwedel seit Öffnung der Grenze entwickelt hat, habe ich einen kleinen Abstecher nach Sachsen-Anhalt gemacht und somit Niedersachsen und die „Lüneburger Heide“ verlassen.

Ich nahm zunächst die zur Autobahn ausgebaute B 248 (sorry, auch ich kann sie nicht immer vermeiden) bis Ehra und fuhr danach über Wittingen nach Diesdorf, wo ein kleines Freilichtmuseum zu bewundern ist.

Freilichtmuseum Diesdorf

Die alte Hansestadt Salzwedel hat sich nach der Wende gut entwickelt, doch sieht man noch immer die Wunden, die das sozialistische System hinterlassen hat. Interessant ist auch der Vergleich der Fachwerkhäuser mit Celle und Uelzen.

Wittingen

Salzwedel

Salzwedel

Für mich ist erstaunlich, wie unterschiedlich die historischen Städte Lüneburg, Celle und Salzwedel sind, obgleich sie nur ca. 90 km auseinander liegen. So ist Lüneburg hauptsächlich aus Backstein und die beiden anderen Städte überwiegend aus Fachwerkhäusern erbaut.
In Salzwedel sind sie alle viel kleiner und weniger prunkvoll als in Celle, was wohl darauf zurückzuführen sein dürfte, dass man hier in früheren Jahrhunderten mit dem Salz nicht ganz so viel Geld verdient hat, als z. B. in Lüneburg, obgleich auch Salzwedel zur Hanse gehörte.
Bewundert habe ich die vielen schönen Jugendstilhäuser außerhalb der noch in großen Teilen vorhandenen Stadtmauer.

Empfehlenswert finde ich das 3-Sterne Hotel „Union“, das über ein einladendes Restaurant mit guter Küche und kleinen, aber sehr preiswerten, Zimmern verfügt.

Salzwedel

Salzwedel

Von Salzwedel sind es nur wenige Kilometer bis zur ehemaligen DDR-Grenze, von der nur noch ein alter Wachtturm zu sehen ist, um ins – durch das Atommülllager Gorleben berühmt-berüchtigte – Wendland zu gelangen, das normalerweise sehr ruhig und außerordentlich friedlich vor sich hin träumt.

Westlich von Wustrow – mit seiner netten Kirche und einem witzigen Feuerwehrhaus von 1888 – beginnt eine Region von Runddörfern oder Rundlingen, wie sie auch heißen. Diese Dorfform gibt es wohl nur noch hier im Wendland. Am besten zu erkennen ist ihre Form natürlich aus der Luft, doch wer hat auf einer Autoreise schon zufällig seinen Helikopter dabei?

Es sind kleine Orte mit nicht mehr als einem Dutzend, meist sehr prächtiger, Fachwerkhäuser aus dem Ende des 18. Jahrhunderts.

Wustrow

Rundlingsdorf Schreyan

Lübeln

Schreyan

Diese Dörfer haben sich in der alten Form wohl nur dadurch erhalten können, weil

a) die Region abseits der alten Handelswege liegt und daher nie besonders reich war und sich somit kaum verändern konnte, und

b) weil, vielleicht gerade aus diesem Grunde, Menschen wie Künstler und die, die Ruhe suchten, diesen Flecken in den letzten Jahren entdeckt und zu neuem Leben erweckt haben.

Dass diese Menschen keine Hinterwäldler sind, erkennt man schon daran, wie gut sie auf sich aufmerksam machen können. Wie cleveres Marketing in diesen winzigen Dörfern betrieben wird, zeigt z. B. das „1. Kartoffelhotel Deutschlands" in Lübeln. Inzwischen hat sich die Idee herumgesprochen, so dass es anderswo noch weitere Hotels dieser Art gibt.

Wer also Ruhe und Abgeschiedenheit witzige Unterkünfte und Künstler sucht, ist hier genau richtig. Nehmen Sie am besten ein Fahrrad mit, denn es lohnt sich, die verschiedenen Rundlinge zu erradeln – aber natürlich sind sie auch mit dem Auto zu bereisen, wie ich es gemacht habe.

Da ich viel befahrene Straßen nicht mag (ich weiß, ich wiederhole mich), weil ich auf ihnen nicht kurz mal anhalten kann, um ein Foto von der schönen Landschaft zu machen, fahre ich am liebsten auf Nebenstraßen, die man praktisch für sich alleine hat. So bin ich auch nicht über Dannenberg nach Hitzacker gefahren, sondern auf der landschaftlich sehr reizvollen Strecke über Tüschau, Pudrip und Metzingen.

Hitzacker

Hitzacker

Hitzacker

Hitzacker, diese historische Stadt an der Elbe, ist in diesem Jahrhundert schon zweimal von einer großen Flut heimgesucht worden. Die erste 2002 mit 7,51 m über normal und die zweite Anfang April 2006 mit 7,60 m. Für Besucher ist dies kaum vorstellbar, denn kurz vor Hitzacker steigt das Land erstaunlich schnell in die Höhe und es kommt das Gefühl auf, in einem kleinen Mittelgebirge gelandet zu sein. So liegt Hitzacker zwar direkt an der Elbe, doch erheblich höher als vermutet, wenn man von Hochwasserüberflutungen durch die Elbe hört und liest.

Schlossturm Lauenburg

Lauenburg

Elbe bei Lauenburg

Diesen Höhenrücken auf der Südseite der Elbe erleben Sie weiterhin, wenn Sie die Elbuferstraße Richtung Hamburg fahren. Die Straße geht erstaunlich oft auf und ab. Bei Bleckede möchte ich Ihnen empfehlen in Richtung Lüneburg abzubiegen, damit Sie sich das gewaltige Schiffshebewerk in Scharnebeck ansehen können.

Wenn Sie nicht wieder über Winsen zurück nach Hamburg reisen möchten, nehmen Sie doch die Alternativroute und sehen sich die alte Hafenstadt Lauenburg an, in der Sie vom hochgelegenen Schloss einen herrlichen Blick auf das Elbtal genießen können. Auch sollten Sie dann nicht versäumen, sich die älteste Schleuse der Welt, die „Palmschleuse", anzusehen, bevor Sie nach einer – hoffentlich auch für Sie – sehr schönen und erlebnisreichen Reise wieder in Hamburg eintreffen.

Tschüss bis bald!

Ihr Jens Diekmann

Palmschleuse Lauenburg

Einige nützliche Internet-Links:
www.bardowick.com
www.bergenbelsen.de
www.bergstroem.de
www.diesdorf.de
www.ebstorf.de
www.egestorf.de
www.elbtalaue.de
www.fuerstenhof-celle.com
www.hotel-union-salzwedel.de
www.jens-diekmann.de
www.josthof.de
www.kartoffel-hotel.de
www.koellners-landhaus.de
www.lauenburg.de
www.lueneburger-heide-attraktionen.de
www.muehlenmuseum.de
www.museumsdorf-hoesseringen.de
www.niedersaechsische-muehlenstrasse.de
www.niedersaechsische-spargelstrasse.de
www.niemeyers-posthotel.de
www.region-celle.de
www.rundlingsdorf.de
www.salzwedel.de
www.scharnebecker.de
www.uelzen.de
www.vkv-winsen.de
www.wienhausen.de
www.zumheidkrug.de

Herausgeber:	Jens Diekmann GmbH Am Gerhardshain 2 24768 Rendsburg www.jens-diekmann.de
Verlag:	DTP SERVICE Hamdorf
Text:	Jens Diekmann
Fotos:	Jens Diekmann Rolf Nitsch (2)
Lektor:	Regina Nitsch
Satz und Layout:	Rolf Nitsch
ISBN:	978-3-9809420-9-6
Titel:	Fachwerkhaus in Celle
Rückseite:	Winsen an der Aller

5,90 €

ISBN 978-3-9809420-9-6
9 783980 942096